108 citas de Amma sobre la fe

108 citas de Amma sobre la fe

Publicado por :
   Mata Amritanandamayi Center
   P.O. Box 613
   San Ramon, CA 94583
   Estados Unidos

────────── 108 Quotes on Faith (Spanish) ──────────

Copyright 2015 © Amrita Books, Amritapuri, India.

Todos los derechos reservados. Ninguna parte de esta publicación puede almacenarse en un sistema de recuperación de datos, transmitirse, reproducirse, transcribirse o traducirse en cualquier idioma, de cualquier forma, por cualquier medio sin el previo acuerdo y permiso del editor

Dirección en España :
   www.amma-spain.org
   fundación@amma-spain.org

En la India:
   inform@amritapuri.org
   www.amritapuri.org

1

El Poder Universal vive en tu interior, pero este conocimiento puede no haber arraigado todavía. Solo se puede llegar a esta Verdad Suprema por medio de la fe y la meditación.

2

La espiritualidad no tiene nada que ver con la fe ciega. Es el principio de la conciencia que disipa la oscuridad.

Muchos maestros espirituales han llevado a cabo una investigación exhaustiva, más aún que algunos científicos modernos. Mientras la ciencia acondiciona el mundo exterior, la espiritualidad acondiciona el mundo interior.

3

Muy a menudo olvidamos que la fe firme y el amor inocente se pueden mover fácilmente por dimensiones que el intelecto y la lógica no consiguen transitar. Se puede ver que el poder de la inocencia ha sido la fuerza impulsora de los grandes descubrimientos de muchos científicos famosos. ¿Has visto los ojos de asombro con los que un niño lo mira todo? Es el mismo asombro con el que los verdaderos científicos miran este universo. Eso les ayuda a explorar los misterios más profundos del universo.

4

La fe es la base de todo. Lo que llena los templos de energía espiritual es la fe y la devoción, no los rituales o las ceremonias. Si tienes la fe suficiente, cualquier agua puede ser tan sagrada como el río Ganges; pero sin fe, el Ganges no es más que agua corriente.

5

A menudo tratamos de medir y evaluar la vida valiéndonos solo del razonamiento intelectual y de la lógica; pero con esa actitud no podemos llegar a lo más profundo del conocimiento y de la experiencia. Hay que aprender a abordar las experiencias de la vida con amor y con fe. Entonces la vida nos revelará todos sus misterios.

6

Ten fe en la teoría del karma (acción y reacción) y verás la mano invisible de Dios en todas partes. El poder oculto de Dios es la causa de todo lo manifestado.

7

Cuando disponemos de datos no hace falta recurrir a la fe. Es un hecho que la tierra, las plantas, los árboles, los ríos y las montañas existen. La fe no es necesaria para saberlo. La fe hace falta cuando el pensamiento racional fracasa.

Como Dios es invisible, creer en la existencia divina depende únicamente de la fe.

8

Del mismo modo que confías en las palabras de los científicos que hablan sobre hechos que desconocemos, ten fe en las palabras de los grandes maestros que hablan sobre la Verdad, porque ellos viven en Ella.

9

Las escrituras y los grandes maestros nos recuerdan que el Ser o Dios es nuestra verdadera naturaleza. Dios no esta lejos de nosotros. Es lo que realmente somos, pero hemos de tener fe para comprender esta verdad.

10

Dios no está encerrado en un templo o en un determinado lugar. Lo Divino es omnipresente, omnipotente y puede adoptar cualquier forma. Trata de ver a tu Deidad Amada en todas las cosas.

11

Dios no es un individuo limitado sentado en un trono de oro allá en las nubes. Dios es la Conciencia pura que vive dentro de todo. Comprende esta verdad y aprende a aceptar y a amar a todos por igual.

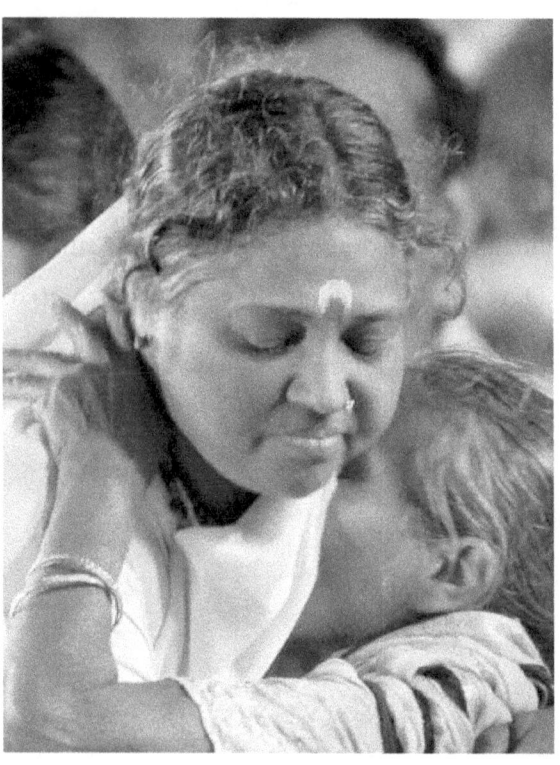

12

La base de la espiritualidad no es la fe ciega. Es una búsqueda sincera, una profunda exploración de nuestro Ser. La fe en un poder superior nos ayuda a controlar la mente y los pensamientos.

Aunque el avance pueda ser lento y gradual, sigue esforzándote con paciencia, fe y entusiasmo.

13

Dudar es algo aprendido, mientras que la fe es algo intrínseco en nosotros. La duda es tu mayor enemigo. La fe es tu mejor amigo. Si la sacas a la luz y aprendes a creer, encontrarás resultados positivos.

14

La belleza reside en la fe y la fe habita en el corazón. El intelecto o el razonamiento son necesarios, pero no debemos dejar que acaben con nuestra fe. No debemos permitir que el intelecto nos devore el corazón.

15

Es necesario tener fe en un Poder Supremo que controla todo el universo, que está más allá de la mente y los sentidos y que hace funcionar hasta el intelecto. Hay que indagar en la fuente de ese Poder, que se halla en nuestro interior. La fe en ese Poder Cósmico, junto con la meditación para conocer ese Poder Supremo, nos ayudará a alcanzar el conocimiento del Ser, la unidad, la paz y la tranquilidad.

16

Si quieres poner fin a tu sufrimiento, pide que tus deseos desaparezcan. Pide también que aumenten tu fe y tu amor a Dios. Si puedes hacerlo, lo Divino se ocupará de todas tus necesidades.

17

Dios está siempre contigo y, sin duda, aparecerá si lo invocas con un anhelo profundo. Lo Divino se encargará directamente de todas las necesidades de quienes sientan con sinceridad: «No hay nadie más que pueda salvarme, solo Tú eres mi refugio».

18

Hay quien dice: «Dios no es más que una creencia»; pero en realidad lo Divino está dentro del corazón de cada uno de nosotros. Las manos, las piernas, los ojos, el cuerpo de Dios no son distintos de los nuestros. El Poder Cósmico que hay dentro de cada uno de nosotros es Dios.

19

En realidad no importa si eres creyente, incrédulo o escéptico. Puedes no ser creyente y, sin embargo, llevar una vida feliz y próspera si tienes fe en tu Ser y sirves a la sociedad.

20

La verdadera fe es la fe en el propio Ser. Aunque creamos en un Dios externo, en realidad ese Dios está dentro de nosotros, es nuestro verdadero Ser.

21

Ten fe en tu propio Ser. Trata de entender quién eres, tu verdadero Ser. Con eso es suficiente. Si no tienes fe en tu Ser, será difícil que avances aunque creas en Dios.

22

La fe y la confianza en Uno Mismo son interdependientes. La fe en Dios sirve para fortalecer la fe en tu Ser, la confianza en tu verdadero Ser. Esa es la verdadera confianza en Uno Mismo. Si no tienes confianza en Ti Mismo no podrás tener éxito en la vida.

23

Recuerda siempre que, cuando llega el anochecer, ya lleva en su seno el amanecer. La oscuridad no puede durar mucho. Sin duda, a su debido momento, el amanecer irrumpirá resplandeciente. El optimismo es la luz de Dios. Es una forma de gracia que permite ver la vida con mayor claridad.

24

El sol no necesita la luz de una vela. Dios no necesita nada de nosotros. Estamos destinados a hacer desaparecer la oscuridad del mundo por medio de la luz de Dios. Este es el Principio Divino.

25

La confianza en nosotros mismos nos proporciona equilibrio mental, valor y control sobre la mente. Nos permite afrontar los problemas de la vida con valentía. Algunos problemas son inevitables. Tener fe en ti mismo te ayudará a hacerles frente y superarlos.

26

Las mujeres nunca deben creer que son inferiores a los hombres. Son las mujeres las que han dado a luz a todos los hombres que hay en este mundo. Siéntete orgullosa de esta excepcional bendición y sigue adelante con fe en tu capacidad innata.

27

No somos velas que alguien tenga que encender. Somos el Sol que brilla con luz propia. Somos la encarnación de la Conciencia Suprema y tenemos que ser conscientes de esta verdad. Somos el Amor.

28

Cuando la gente pierde la fe en Dios, desaparece la paz y la armonía en la sociedad. La gente actúa y vive como le place. Sin fe, la moral y la ética desaparecerían de la faz de la tierra y las personas tendrían la tentación de vivir como animales. Si no hubiera fe, amor, paciencia y perdón, la vida sería un infierno.

29

Tenemos la capacidad de ser lo que queramos. Podemos elegir ser un alma virtuosa que solo desea el bien para los demás en pensamiento y en obra; pero también podemos elegir ser el demonio en persona. El libre albedrío es la mayor bendición de este nacimiento humano; pero, si queremos experimentar esta bendición en su más alto grado, debemos tener la inocencia y la fe de un niño.

30

Sea cual sea nuestra religión, si comprendemos los principios espirituales podremos alcanzar la meta final: el conocimiento de nuestra verdadera naturaleza.

31

Es muy importante que respetemos los sentimientos y las creencias de los seguidores de todas las religiones. La fe en el inmenso poder de nuestro Ser interior producirá la unión verdadera entre todas las personas, así como entre la humanidad y la naturaleza.

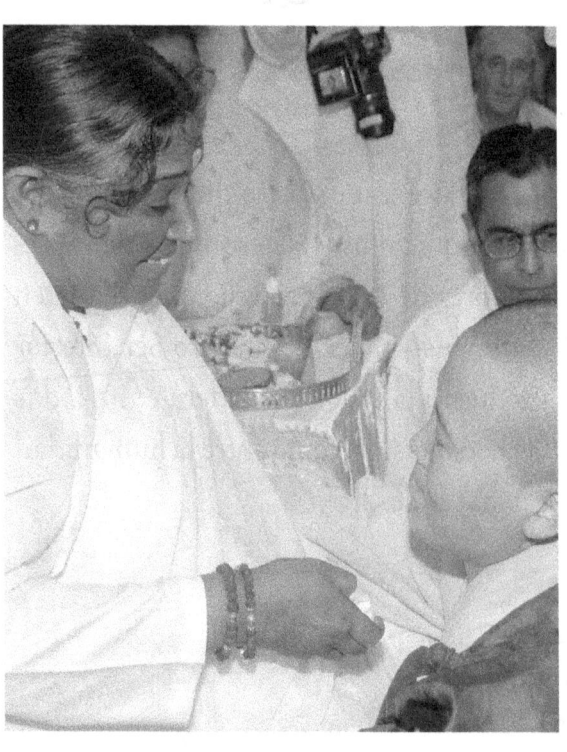

32

El verdadero significado de la religión es tener fe en la existencia de un Poder Supremo y vivir conforme a los valores espirituales.

33

No existe diferencia alguna entre el Creador y la creación, de la misma manera que no hay diferencia entre el mar y sus olas. Es una misma Conciencia la que está presente en todo. Debemos inculcar a nuestros hijos la fe y el amor a toda la creación. Eso es posible mediante una educación espiritual adecuada.

34

No es malo que haya muchas religiones o creencias, pero sí lo es el creer que son diferentes y que una religión es superior a otra. Hijos, no veáis las diferencias. Ved la unidad entre las religiones y los grandes ideales que todas nos enseñan.

35

El amor y la compasión son los principios subyacentes a todas las religiones verdaderas. Estas cualidades divinas son la esencia de todas las fes.

36

El amor y la fe son los cimientos sobre los que se asienta la vida. Solamente seremos felices y nos sentiremos en paz cuando sirvamos a los demás desde una correcta comprensión del amor y la fe.

37

Las barras de acero se utilizan en la construcción para reforzar el cemento. Sin ellas los edificios se derrumbarían. La fe en Dios se puede comparar a esas barras. La fe fortalece nuestras débiles mentes. Si tenemos fe no lloraremos por las cosas ilusorias ni nos volveremos locos por ellas.

38

El intelecto es como unas tijeras. Corta y rechaza todo sin aceptar nada. El corazón, por el contrario, es como una aguja: lo junta todo y aúna cosas aparentemente distintas. Si profundizamos lo suficiente en nosotros mismos, encontraremos el hilo único del amor universal que vincula a todos los seres. En este universo, el amor es lo que une todo.

39

Si tienes verdadera fe, caerás automáticamente en el corazón. Caer en el corazón significa, en realidad, elevarse y volar hacia lo alto.

40

La fe y el amor no son distintos. Son interdependientes. Sin fe no podemos amar a nadie y viceversa. Si tenemos fe y amor plenos hacia una persona, el mero hecho de pensar en ella nos llenará de un gozo especial. ¿Sentiríamos ese gozo si no tuviéramos fe en ella y pensáramos que es un ladrón? El amante abre el corazón a su amada porque tiene fe en ella. Esa fe es la base del amor. El amor brota de la fe.

41

Toda la vida descansa sobre la fe. Para cada paso que damos necesitamos fe. La fe crea una corriente que inunda todo el universo.

42

El amor es el remedio universal. Cuando en la vida hay amor mutuo, atención y comprensión, cuando creemos los unos en los otros, nuestros problemas y preocupaciones disminuyen.

43

Céntrate en el amor, la confianza mutua y la fe. Cuando haya en ti amor y fe, la atención acompañará automáticamente todas tus acciones.

44

La escucha verdadera es posible cuando te has vaciado interiormente. Si tu actitud es: «Soy un principiante, soy un ignorante», serás capaz de escuchar con fe y amor.

45

Hay que tener fe en que Dios está siempre con nosotros. Ser conscientes de ello nos dará la energía y el entusiasmo necesarios para superar cualquier obstáculo en la vida. Esta actitud optimista no debe abandonarnos nunca.

46

Hijos, algunos dicen que hay creyentes que llevan una vida infeliz. Sin embargo, los verdaderos creyentes, los que poseen una fe verdadera, se sienten conformes y felices en cualquier situación. Lo que identifica a un verdadero creyente es que en su rostro siempre hay una sonrisa de aceptación.

47

Sin fe, el miedo nos invade. El miedo deja tullidos el cuerpo y la mente y nos paraliza, mientras que la fe nos abre el corazón y nos conduce al amor.

48

Cuando comprendes la naturaleza transitoria del mundo y te das cuenta de la impotencia del ego, la fe en la espiritualidad empieza a manifestarse. La luz de la gracia del guru nos ayuda a ver y a eliminar los obstáculos del camino.

49

Hijos, recordar que podemos morir en cualquier momento nos ayudará a tener una verdadera fe y a caminar hacia Dios. ¿No es cierto que podemos conocer la grandeza de la luz gracias a que hay oscuridad?

50

¿Por qué tienes fe en la mente? La mente es como un mono que salta de rama en rama, de un pensamiento a otro, y seguirá haciéndolo hasta su último momento. En lugar de eso, ten fe en un maestro y, sin duda, hallarás la paz.

51

A Dios o a un gran santo les da igual si la gente cree en ellos o no. No necesitan nuestra fe ni que los sirvamos. Somos nosotros los que necesitamos su gracia. La gracia solo nos puede llegar por medio de la fe.

52

El único objetivo del maestro es inspirar a sus discípulos, infundiéndoles la fe y el amor que necesitan para alcanzar la meta. La tarea primera y más importante del maestro es encender el fuego del amor a Dios.

53

La Madre no dice que tengas que creer en Ella o en Dios. Basta con que creas en ti mismo. Todo está dentro de ti.

54

Una vez que hayas aceptado a un mahatma (santo) como tu guru, esfuérzate por tener la fe inocente y la entrega de un niño. Puedes conseguir todo lo que necesitas de un satguru (verdadero maestro). No hay necesidad de seguir buscando.

55

La fe no es un proceso intelectual. No se puede entender al maestro con la mente o el intelecto. El único camino es la fe.

56

La obediencia al guru es muy importante. El guru es el Parabrahman (Ser Absoluto) omnipresente en forma humana, tu verdadero Ser, la esencia subyacente de toda la creación. Tener fe en el guru equivale a tener fe en tu propio Ser.

57

Hijos, toda la espiritualidad se puede resumir en una palabra, y esa palabra es shraddha. Shraddha es la fe incondicional que el discípulo tiene en las palabras del maestro y en las escrituras.

58

Si se tiene fe y obediencia al guru, además de conocimiento de los principios espirituales, las vasanas (tendencias habituales) se destruirán rápidamente.

59

Hay innumerables ejemplos de personas que han recitado fielmente un mantra y realizado las prácticas ascéticas que Amma les había indicado. Gracias a ello han encontrado alivio para su dolor y evitado los desastres que su horóscopo les auguraba.

60

Aunque un enfermo tenga el mejor de los médicos, si no tiene fe en él, el tratamiento podrá no ser eficaz. De la misma manera, debemos tener fe en nuestro maestro espiritual. Esa fe es lo que nos sanará.

61

No basta con tener fe en el médico. También hay que tomar la medicación para curarse. Del mismo modo, no haréis ningún progreso espiritual si os limitáis a quedaros sentados diciendo «La fe me salvará», sin hacer nada. Tanto la fe como el esfuerzo son necesarios para avanzar.

62

El guru estará contigo para mostrarte el camino a través de los conflictos y las crisis; pero que el guru te guíe no quiere decir que haya que quedarse sentado sin hacer nada. El esfuerzo y la perseverancia por nuestra parte son necesarios.

63

Tanto la fe como el esfuerzo son necesarios. Si plantas una semilla, es posible que brote, pero para que crezca como es debido necesita agua y abono. La fe nos hace conscientes de nuestra verdadera naturaleza; pero para experimentarla directamente tenemos que esforzarnos.

64

Tenemos que entender las limitaciones de nuestras acciones y el lugar que ocupa la Gracia Divina en nuestra vida. Hijos míos, tened fe en ese Poder y pedid la Gracia.

65

Cuando tengas una fe plena, experimentarás que la Conciencia Suprema está presente en todos y cada uno de los objetos. La fe plena es la liberación. Cuando alcances ese estado, todas tus dudas desaparecerán. El guru te guiará para que llegues a ese estado final.

66

Nada puede hacerle daño a un verdadero creyente. La fe puede darnos una fuerza inmensa. Todos los obstáculos de la vida, tanto si han sido creados por los seres humanos como por la Naturaleza, se derrumbarán cuando choquen contra nuestra fe firme y estable.

67

Para un buscador sincero, la espiritualidad no es un aspecto secundario de la vida. Es una parte tan importante de ti como tu propia respiración. Tu fe se vuelve inquebrantable.

68

La fe permite que recibas la corriente constante de la gracia del satguru. La Madre es más que este cuerpo. Lo llena todo y es omnipresente. Ten fe en que el Ser de la Madre y tu Ser son el mismo.

69

Cuando hayas llegado a tener fe en un maestro espiritual, no permitas que flaquee. Tu fe debe ser inamovible y constante. El único modo de eliminar las impurezas mentales es tener una fe plena en el maestro.

70

No hay nada que pueda destruir la fe de los buscadores sinceros. Su fe en su maestro y en la posibilidad de experimentar a Dios y alcanzar el Estado Supremo es inquebrantable.

71

Si se tiene una fe firme en que todas las situaciones, tanto las positivas como las negativas, son mensajes de lo Divino, no es necesario tener un guru exterior; pero la mayoría de las personas no tienen tanta fuerza ni tanta determinación.

72

Cree firmemente que nadie puede socavar tu fe. Si alguien trata de destruirla, considéralo una prueba de Dios y sigue adelante con convicción.

73

Tratar de revivir la fe perdida es como intentar que a un calvo le vuelva a crecer el pelo. Una vez perdida la fe, es dificilísimo recuperarla. Antes de aceptar a tu guru, examina a la persona cuidadosamente.

74

Si le rezas a la Madre con inocencia y con fe, indudablemente te ayudará. Ella siempre está a tu disposición. Si te caes, te ayudará a levantarte.

75

Esfuérzate por ser como un niño dotado de una fe y una paciencia enormes. Para llegar a la meta, nuestra fe debe inspirarse en la inocencia de un niño.

76

A medida que nos vamos haciendo mayores, perdemos el entusiasmo y la alegría. Nos marchitamos y nos volvemos infelices. ¿Por qué? Porque hemos perdido la fe y la inocencia. En algún lugar dentro de cada uno de nosotros están dormidos el gozo, la inocencia y la fe de un niño. Redescúbrelos.

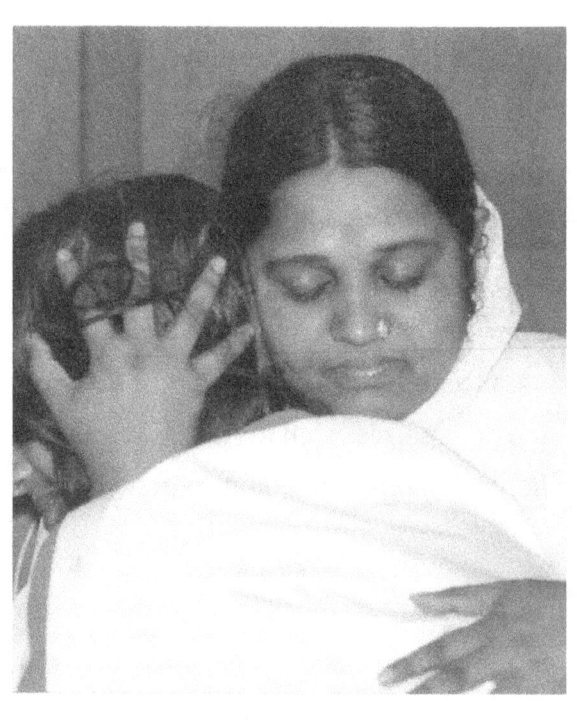

77

Juega como un niño. Recupera la inocencia que hay en tu interior. Pasa tiempo en compañía de niños. Te enseñarán a creer, a reírte y a jugar. Los niños te ayudarán a sonreír desde el corazón y a tener una mirada de asombro en los ojos. El amor divino te vuelve inocente como un niño.

78

Todo es posible con la fe y la confianza de un niño. La inocencia y un corazón puro te salvarán.

79

Puedes tener que ir poco a poco en tu desarrollo espiritual debido a tus samskaras (tendencias de las vidas pasadas). Es un proceso lento que requiere fe y confianza.

80

La energía espiritual que has adquirido mediante la sadhana (prácticas espirituales) permanece en tu interior. Mantén la fe y el entusiasmo. Ni tus esfuerzos ni el fruto de tus acciones pueden ser destruidos. No pierdas nunca la esperanza.

81

Paciencia, entusiasmo y optimismo: estas tres cualidades deben ser los mantras de nuestra vida. En todos los ámbitos de la vida se puede ver que triunfan los que tienen fe. Quienes carecen de fe pierden su fuerza.

82

Una persona con fe en el Ser Supremo se aferra a ese principio en los momentos de crisis. Esa fe le da una mente fuerte y equilibrada que le permite afrontar cualquier prueba.

83

Si tienes verdadera fe en Dios y practicas meditación, repetición del mantra y oración, adquirirás la fuerza suficiente para enfrentarte a cualquier situación sin vacilar. Serás capaz de actuar con conciencia aunque las circunstancias sean difíciles.

84

La fe en Dios te da la fuerza mental que necesitas para hacer frente a todos los problemas de la vida. La fe en la existencia de Dios te protege. Hace que te sientas seguro y protegido de todas las influencias negativas del mundo.

85

Si intentas huir de tu propia sombra, acabarás desplomándote de agotamiento. En lugar de huir, afronta las dificultades de la vida con amor y fe. Recuerda que en este viaje nunca estás solo. Lo Divino está siempre contigo. Permítele que te lleve de la mano.

86

Un verdadero sadhak (buscador espiritual) cree más en el presente que en el futuro. Cuando ponemos nuestra fe en el momento presente, toda nuestra energía se manifiesta aquí y ahora. Entrégate al momento presente.

87

El pasado es una herida. Si te la rascas hurgando en tus recuerdos, la herida se infectará. No lo hagas o se volverá más grande. En lugar de eso, déjala curarse. La curación solo es posible por la fe y el amor divinos.

88

Debemos cultivar la fe en nosotros mismos en lugar de apoyarnos en los demás en busca de consuelo. Solo así hallaremos verdadero bienestar y satisfacción.

89

Las personas y los objetos a los que estás apegado te dejarán algún día. Cada vez que algo o alguien desaparece de tu vida, pueden apoderarse de ti la desesperación y el miedo. Eso seguirá ocurriendo hasta que te entregues a Dios y adquieras fe en la naturaleza eterna de tu verdadero Ser.

90

Solo eres capaz de moverte y actuar por la gracia y el poder del Todopoderoso. Ten la certeza de que Dios es tu único verdadero pariente y amigo. Si te entregas, lo Divino siempre te guiará. Con fe en esa Divinidad, nunca flaquearás.

91

Todos tus problemas aparecen porque no te mantienes firme en tu Ser. La Conciencia es la fuente eterna del poder. Nuestro pequeño mundo debe evolucionar hasta convertirse en el universo entero. A medida que crezca, veremos que nuestros problemas se van desvaneciendo poco a poco.

92

La relación con la Divinidad debe ser nuestra relación más estrecha. Cuéntale todas tus penas y eso te acercará a Ella. No puede permanecer en silencio e indiferente cuando alguien La llama con un corazón inocente. La fe y la entrega eliminan todas las penas.

93

Todos llevamos la carga del sufrimiento y el dolor de las experiencias pasadas. La cura consiste en cultivar el amor, la compasión y el respeto. Esto sanará todas las heridas.

94

La compasión es una prolongación de la fe y de la conciencia de que la Divinidad es omnipresente. Quienes carecen de compasión y no se preocupan por el bien de los demás también carecen de fe.

95

La receptividad es la capacidad de creer, tener fe y aceptar el amor. Es la capacidad de evitar que la duda entre en la mente.

96

La felicidad también es una decisión como cualquier otra. Toma esta firme determinación: «Pase lo que pase, voy a ser feliz. Saber que Dios está conmigo me hará ser valiente». No pierdas la confianza en tu Ser y sigue adelante.

97

Hijo mío, nunca dejes de ser valiente. No pierdas nunca la confianza en Dios ni en la vida. Sé siempre optimista, sea cual sea la situación en la que te halles. Con fe y valentía se puede lograr cualquier cosa.

98

Al igual que el néctar de la fresca flor de la mañana, deja que la bondad te llene. Cuando te abras, te darás cuenta de que el Sol siempre ha estado brillando y la brisa siempre ha estado soplando, llevando consigo la dulce fragancia de la Divinidad. No hay condiciones ni coacciones. Deja solo que se abra la puerta de tu corazón. Nunca ha estado cerrada.

99

El entrenamiento y la disciplina que se reciben en la juventud dejan una profunda huella en la mente y desempeñan un papel muy importante en la formación del carácter. Los padres deben tener cuidado de no limitarse a alimentar y satisfacer los deseos de sus hijos, sino también enseñarles disciplina, inculcándoles fe y una buena educación.

100

Si tienes verdadera fe en Dios, no puedes hacerle daño a la Naturaleza. Eso es así porque la verdadera fe nos enseña que la Naturaleza es divina y no está separada de nuestro propio Ser.

101

Sigue adelante con fe. Quien tenga fe incondicional nunca se desviará del camino.

102

La persona que tiene fe verdadera es firme. La persona que profesa la verdadera religión puede encontrar la paz. La fuente de esta paz es el corazón, no la cabeza. Las creencias basadas en lo que se dice, se oye o se lee no duran mucho; pero la fe que procede de la propia experiencia dura siempre.

103

Donde hay amor, no hay esfuerzo. Olvídate de las penas del pasado y relájate. La relajación te ayudará a aumentar tu fuerza y tu vitalidad. La relajación es una técnica por la que puedes vislumbrar tu verdadera naturaleza, la fuente infinita de tu existencia. Es el arte de aquietar la mente. Cuando has dominado este arte, todo sucede de manera espontánea y sin esfuerzo.

104

Todas las acciones dan su fruto. El futuro es el fruto, pero no te preocupes por él. Espera con paciencia viviendo el presente y actuando con concentración y amor. Si eres capaz de vivir en cada momento de acción, los buenos resultados llegarán. Si las acciones se llevan a cabo con sinceridad y entusiasmo, darán buenos frutos. En cambio, si te preocupas por el fruto, no solo dejarás de esforzarte lo necesario, sino que tampoco obtendrás el resultado esperado.

105

Cuando veas la vida y todo lo que nos trae como un don precioso, serás capaz de decir «sí» a todo. «Sí» es la aceptación. Si hay aceptación, el río de la vida siempre te lleva. El amor simplemente fluye. Quien esté dispuesto a dar el salto y zambullirse, será aceptado tal como es.

106

Tened fe, hijos míos. No hay que tener miedo. Sabed que la Madre está siempre con vosotros.

107

Los dos factores necesarios para el éxito en cualquier empresa son una fuerte determinación y una fe inquebrantable. Confía plenamente en el Todopoderoso. La fe puede hacer milagros.

108

Enciende la luz del amor y la fe que hay en ti y sigue adelante. Si los buenos pensamientos y una sonrisa te acompañan en cada paso que des, toda la bondad descenderá sobre ti y llenará tu ser. Entonces Dios no podrá mantenerse alejado de ti. La Divinidad te recibirá con los brazos abiertos.

www.ingramcontent.com/pod-product-compliance
Lightning Source LLC
Chambersburg PA
CBHW061955070426
42450CB00011BA/3038